AF362381

INTRODUCTION

A LA CONNAISSANCE

DE LA SPHÈRE.

IMPRIMERIE DE LACHEVARDIERE,
RUE DU COLOMBIER, 30, A PARIS.

INTRODUCTION

A LA CONNAISSANCE

DE LA SPHÈRE,

PAR

S.-F. LACROIX.

PARIS,

LIBRAIRIE CLASSIQUE DE L. HACHETTE,

RUE PIERRE-SARRASIN, Nº 12,

CH. SIMONNEAU, RUE DE LA PAIX, Nº 6.

1832.

AVERTISSEMENT.

Dans les traités élémentaires de géographie, on se borne le plus souvent à décrire la *sphère armillaire*, machine inventée pour don-

1.

ner une idée des mouvemens apparens des astres; mais la représentation qu'elle en offre est si disproportionnée et si incomplète, qu'elle ne saurait faire naître que des idées fausses aux personnes qui n'ont jamais regardé attentivement le spectacle du ciel. Là il n'y a ni cercles de carton pour diriger le cours des astres, ni essieu de fer pour supporter le mouvement. Rien n'est donc plus mauvais que d'attacher ses idées à ce grossier mécanisme.

Mais qu'est-ce qui empêcherait de commencer par montrer aux élèves, sur le ciel même, les grands phénomènes susceptibles d'être promptement saisis à la vue simple? Il suffit de quelques heures du matin et du soir, pour faire remarquer, même à de jeunes enfans, les principales circonstances des mouvemens apparens du soleil, de la lune et des étoiles, leur expliquer comment l'œil ne peut rien nous apprendre sur le lieu réel de l'astre, qu'on juge seulement la direction de la ligne sur laquelle il se trouve, et quel est en conséquence le sens du mot *hauteur* appliqué aux corps célestes.

Que l'on prenne ensuite une sphère, qu'on la mette dans la position correspondante à celle du lieu où l'on est, en plaçant le pôle à la latitude, et le méridien dans le plan de celui du lieu, on montrera facilement les rapports des parties de cette machine avec les cercles décrits par les astres. Deux leçons données à la vue du ciel seraient assez pour inculquer des notions justes; autrement on ne fait que charger de mots incompréhensibles la mémoire des enfans.

INTRODUCTION

A LA CONNAISSANCE

DE LA SPHÈRE.

EXPLICATION DE QUELQUES TERMES NÉCES-
SAIRES POUR L'INTELLIGENCE
DE LA SPHÈRE.

*

Une *ligne droite* est la ligne la plus courte que l'on puisse mener d'un point à un autre (FIG. 1).

Le *plan* ou la *surface plane* est celle à laquelle on peut appliquer, dans tous les sens, une ligne droite.

La *ligne courbe* est celle qui s'écarte de la ligne droite tirée entre deux de ses points (Fig. 2). La portion de ligne courbe comprise entre ces points est plus grande que la partie correspondante de la ligne droite, et d'autant plus, que la première s'écarte davantage de la seconde.

Quand deux lignes se rencontrent, elles forment un angle; leur point commun ou d'*intersection* est le **sommet** de cet angle (Fig. 3).

Une ligne droite tombant sur une autre qui est prolongée des deux côtés du point de rencontre, forme avec cette autre deux angles (Fig. 4).

Si la première droite ne penche vers aucun des côtés de la seconde, ces deux angles sont égaux (Fig. 5). On dit qu'ils sont *droits*; et la première ligne est alors *perpendiculaire* sur la seconde.

Les angles qui ne sont pas droits se nomment *angles obliques* (Fig. 4); ceux qui sont plus petits qu'un *droit* se nomment *angles aigus*; ceux qui sont plus grands, *angles obtus*.

La plus courte distance d'un point à une droite est la perpendiculaire abaissée de ce point sur cette droite (Fig. 5).

Deux lignes qui sont partout également éloignées l'une de l'autre sont *parallèles* (Fig. 6).

La courbe tracée sur un plan, de manière que tous ses points soient à égale distance d'un point pris sur ce plan, renferme un espace qu'on nomme *cercle*; la courbe en est la *circonférence* (Fig. 7).

Le point duquel on a décrit cette

courbe en est le *centre*. Les distances du centre à la circonférence, qui sont toutes égales, se nomment *rayons*.

Deux rayons directement opposés forment un *diamètre* : tous les *dia-mètres* sont donc égaux.

Tout diamètre divise en deux parties égales la surface du cercle et sa circonférence.

Les portions de la circonférence du cercle se nomment *arcs* (Fig. 2); la ligne droite qui joint leurs extrémités est leur *corde*.

Ces arcs servent à mesurer les angles. Pour cela on divise la circonférence du cercle, quelle que soit sa grandeur, en 360 parties égales nommées *degrés*, chaque degré en 60 parties égales appelées *minutes*, chaque minute en 60 parties égales appelées *secondes.*

Le nombre de ces parties étant le même dans toutes les circonférences, les degrés, minutes et secondes ont une grandeur proportionnée à celle de la circonférence sur laquelle ils sont pris.

Cela posé, *la mesure d'un angle est le nombre de degrés, minutes et secondes que contient tout arc décrit du sommet de cet angle comme centre, et compris entre ses côtés.*

L'angle droit, occupant la moitié de la demi-circonférence (Fig. 8), a pour mesure 90 degrés.

Dans la figure 9, on a marqué un angle aigu de 45 degrés ; et l'angle obtus, qui comprend le reste de la demi-circonférence , a pour mesure l'excès de 180 degrés sur 45 , c'est-à dire 135.

Lorsqu'une ligne qui rencontre un plan ne penche d'aucun côté sur ce plan, elle lui est perpendiculaire.

La plus courte distance d'un point à un plan est la perpendiculaire abaissée du point sur le plan.

Deux plans qui sont partout également éloignés l'un de l'autre, ou qui sont perpendiculaires à la même ligne, sont *parallèles*.

Un *globe* ou une *sphère* est l'espace enveloppé par la surface que parcourt un demi cercle en tournant autour de son diamètre (Fig. 10).

Tous les points de cette surface sont également éloignés du centre du cercle générateur ; ces distances se nomment *rayons*, qui par conséquent sont des lignes droites égales.

Deux rayons directement opposés forment un diamètre : les diamètres de la sphère sont donc tous égaux.

Lorsqu'on la considère comme engendrée par la révolution du demi-cercle, on donne au diamètre de ce demi-cercle le nom d'*axe*, et on appelle *pôles* les extrémités de ce diamètre.

Il faut remarquer que chaque point de la demi-circonférence génératrice décrit un cercle qui a son centre dans l'axe, et pour rayon, la perpendiculaire abaissée du point sur l'axe.

Le plus grand de ces cercles est celui dont le rayon aboutit au centre de la sphère.

En général, l'intersection de la sphère

par un plan est un cercle (FIG. 11). Quand le plan passe par le centre de la sphère, cette intersection est un *grand cercle*, qui a pour rayon celui de la sphère. Dans tous les autres cas c'est un *petit cercle*.

La distance des pôles à la circonférence du grand cercle perpendiculaire à l'axe (FIG. 10) est égale à la moitié de la demi-circonférence du cercle générateur, et par conséquent à 90 degrés.

Enfin tout grand cercle de la sphère la partage, ainsi que sa surface, en deux parties égales que l'on nomme *hémisphères* (FIG. 11).

PREMIÈRE VUE DU MOUVEMENT DES ASTRES.

DEMANDE. *Quand on est dans un lieu*

élevé, où rien ne borne la vue, qu'a-perçoit-on autour de soi?

RÉPONSE. Le ciel semble reposer sur la terre et former un cercle qu'on appelle *horizon*. Ce cercle est irrégulier à cause des inégalités du terrain ; mais il serait régulier si l'on était dans une plaine parfaite, ou sur la mer, par un temps calme.

D. *Quel spectacle offre l'horizon, un peu avant que le jour commence?*

R. On voit d'abord une partie de ce cercle devenir de plus en plus lumineuse ; bientôt le soleil apparaît, et il s'élève de plus en plus, en allant de la gauche vers la droite du spectateur (dans nos contrées).

D. *Son élévation n'a-t-elle pas un terme?*

R. Oui. Il s'abaisse ensuite, toujours

en allant de gauche à droite, finit par atteindre l'horizon de l'autre côté, **et disparaître**; puis la lumière diminue, et la nuit vient.

D. *Qu'arrive-t-il alors?*

R. Les étoiles se montrent; et si l'on reste tourné vers le côté du ciel que le soleil a parcouru, elles semblent aussi se mouvoir de la gauche à la droite; quelques unes disparaissent dans la partie droite de l'horizon, et d'autres, qu'on n'apercevait pas d'abord, se montrent au-dessus de la partie gauche (1).

(1) Les vapeurs qui bordent l'horizon dans nos contrées font que les étoiles ne se montrent qu'après être arrivées à une hauteur plus ou moins grande, suivant leur éclat, et disparaissent par la même cause, avant de toucher l'horizon.

D. *Les étoiles n'atteignent-elles pas, chacune, un point particulier où elles sont plus élevées que dans le reste de leur cours?*

R. Oui; et si l'on rapporte ces divers points à l'horizon, on verra qu'ils répondent directement au-dessus du point qui se trouve placé sous le soleil lorsque cet astre est arrivé à sa plus grande élévation.

D. *Le mouvement des étoiles n'offre-t-il pas un ensemble remarquable?*

R. Elles gardent leurs situations respectives à quelque instant qu'on les observe (1).

______

(1) Il faut seulement en excepter un petit nombre qu'on nomme *planètes*, parce qu'elles ont un mouvement propre très sensible.

D. *Parcourent-elles toutes le même espace?*

R. Non. Les unes, qui s'élèvent peu sur l'horizon, ne décrivent qu'un petit arc de cercle; celles qui s'élèvent davantage en décrivent un plus grand; mais si l'on se tourne du côté opposé à celui où le soleil s'est montré à sa plus grande élévation, on voit des étoiles dont le mouvement paraît plus lent, et bientôt on en remarque une qui semble ne pas changer de place, tandis que celles qui l'environnent tournent autour d'elle.

D. *Que deviennent les astres lorsqu'ils ont atteint l'horizon?*

R. En continuant à se mouvoir dans le même sens, ils achèvent au-dessous de l'horizon le cercle qu'ils ont commencé à décrire au-dessus, et reparaissent du côté où ils s'étaient montrés en premier lieu, 24 heures auparavant.

D. Quels sont les noms donnés à l'apparition et à la disparition des astres dans l'horizon ?

R. La première est leur *lever*, la seconde leur *coucher*.

D. Comment appelle-t-on l'instant où ils atteignent leur plus grande élévation ?

R. C'est leur *passage au méridien*, demi-cercle perpendiculaire à l'horizon, et qui contient le point le plus élevé de l'arc décrit par le soleil. On donne à ce demi-cercle le nom de *méridien*, parce que le soleil y passe à *midi*, c'est-à-dire au milieu du jour.

D. Qu'est-ce que la méridienne?

R. C'est une ligne droite tirée sur le

plan horizontal, par le point où l'on se trouve, et dans la direction de celui au-dessus duquel le soleil répond à midi.

D. *Qu'entendez-vous par les quatre points cardinaux?*

R. Ce sont quatre points de l'horizon également éloignés entre eux, et indiqués par la méridienne et la ligne qui lui est perpendiculaire, au point où l'on se trouve. La méridienne en contient deux, savoir: le *midi* ou *sud*, qui est l'extrémité tournée vers le soleil (dans nos contrées); le *nord*, qui est l'extrémité opposée. Les deux autres points sont situés sur la perpendiculaire à la méridienne. Celui du côté duquel les astres se lèvent est nommé *orient* ou *levant* ou *est*; le côté opposé est l'*occident* ou le *couchant* ou l'*ouest*.

D. *Quand on connaît un de ces points, ne peut-on pas trouver facilement les autres ?*

R. Par exemple, lorsqu'on est tourné vers le *midi*, on a l'*est* à sa gauche, l'*ouest* à sa droite, et le *nord* derrière soi ; ce serait le contraire si l'on regardait le *nord* (1).

(1) Pour mettre plus d'exactitude dans la désignation des points de l'horizon, on a divisé sa circonférence en trente-deux parties égales, par des rayons menés du point où l'on se trouve. Ces divisions sont marquées sur les cartes *marines* et sur les *boussoles*, boîtes contenant une aiguille aimantée, qui, pendant un temps peu considérable et dans un même lieu, *prend une direction constante*, lorsqu'on a soin d'en écarter le fer. On se tromperait souvent beaucoup, si

D. *Quelle est la forme de la terre ?*

R. L'observation des astres et les grands voyages ont prouvé qu'elle est sphérique, en sorte que lorsque le soleil se couche il passe sur l'hémisphère opposé à celui que nous habitons.

D. *Le point qui est diamétralement opposé à celui-là peut-il être habité, puisque ceux qui s'y trouveraient auraient, par rapport à nous, les pieds en haut et la tête en bas ?*

l'on prenait cette direction pour le nord ; mais elle peut faire trouver ce point, quand on connaît d'ailleurs l'écart ou la *déclinaison* de l'aiguille, pour le temps et le lieu où l'on est. La boussole étant nommée quelquefois *compas de mer*, on appelle *pointes du compas* les 32 divisions de l'horizon. L'intervalle entre deux de ces pointes est de 11 degrés 15 minutes.

R. Les corps sont retenus sur la terre par la force appelée *pesanteur*, en vertu de laquelle ils tombent dès qu'ils ne sont plus soutenus. Cette force, tendant toujours vers le centre de la terre, change de direction lorsqu'on change de lieu; et aux points qui sont diamétralement opposés, elle agit dans des sens contraires: ainsi elle retient également, dans ces points, les corps sur la terre. On voit par là que le *haut* et le *bas* sont des situations relatives au lieu où l'on se trouve.

D. *Quels noms donne-t-on aux lieux de la terre diamétralement opposés?*

R. On les dit *antipodes* l'un de l'autre, parce que les hommes qui s'y trouvent ont les pieds directement opposés.

D. *La direction de la pesanteur n'indique-t-elle pas deux points remarquables ?*

R. Cette direction, qui est celle de la chute des corps abandonnés à eux-mêmes, ou celle que prend un fil auquel on a suspendu un corps pesant, étant prolongée au-dessus de notre tête, indique un point nommé *zénith*. Si elle était continuée au travers de la terre, elle passerait par nos antipodes, et irait dans la partie du ciel qui répond sur leur tête, marquer leur zénith, opposé au nôtre et nommé aussi *nadir*.

D. *Comment appelle-t-on la direction de la pesanteur ?*

R. On la nomme *verticale* ou ligne *à plomb*. Elle est perpendiculaire à la surface des eaux stagnantes, qui est toujours un plan horizontal, et qui marque ce qu'on appelle le *niveau*.

DESCRIPTION DE LA SPHÈRE ARMILLAIRE.

D. *Par quel moyen a-t-on représenté en petit les phénomènes exposés ci-dessus?*

R. On a construit pour cela une machine nommée *sphère armillaire* (Pl. 2), du mot *armille*, qui signifie anneau ou cercle, et formée de cercles disposés comme le sont ceux que paraissent décrire les astres, ou sur lesquels ils passent successivement. Au milieu se trouve un petit globe qui représente la terre, et qui est traversé par un axe autour duquel se meut le reste de la machine. Les extrémités de cet axe se nomment *pôles.*

3.

D. *En quoi ces points sont-ils re-marquables ?*

R. C'est que, comme tous les points de l'axe, ils demeurent en repos lorsque la machine tourne autour de cet axe ; et d'après cela, une étoile qui se trouverait sur ce même axe ne changerait pas de situation, tandis que toutes les autres tourneraient autour d'elle. Or, on observe dans le ciel une étoile qui n'est pas tout-à-fait immobile, mais qui change si peu de place qu'on a bien de la peine à s'en apercevoir : elle est donc très près de l'axe autour duquel se fait le mouvement diurne des astres ; aussi l'a-t-on nommée *étoile polaire*, comme indiquant à fort peu de chose près la position du pôle.

D. *N'y a-t-il que ce pôle ?*

R. Il est évident qu'il y en a un second au-dessous de notre horizon, et diamétralement opposé à celui dont je viens de parler; et comme le pôle que nous voyons est tourné vers le nord, on le nomme *pôle nord* ou *septentrional* ou *boréal* ou *arctique*; le pôle opposé s'appelle *pôle sud* ou *méridional* ou *austral* ou *antarctique.* Ce sont là les *pôles célestes.* De plus, la ligne idéale qui joint ces points, passant par le centre de la terre, marque, sur sa surface, deux points correspondans qu'on appelle *pôles terrestres*, et qu'on distingue par la dénomination du pôle céleste sous lequel ils répondent perpendiculairement.

D. *Comment est placé le cercle qui représente l'horizon?*

R. Puisqu'on change d'horizon, en changeant de lieu, il faudrait, pour une parfaite conformité avec l'état naturel des choses, représenter l'horizon par un cercle dont le plan touchât le petit globe qui figure la terre, et pût prendre toutes les positions possibles sur ce globe; mais, pour simplifier la construction de la machine, on a attaché sur son pied un cercle dans lequel la sphère se meut de manière que tous les points de sa surface peuvent être amenés à plomb au-dessus du centre de ce cercle, et il représente en conséquence l'horizon.

D. *Ne diffère-t-il pas encore par quelque circonstance de celui qu'on observe sur la terre?*

R. Il passe par le centre du globe qui la représente, tandis que celui qu'on voit ne fait que la toucher dans un point de sa surface : l'horizon de la sphère armillaire n'est donc que la représentation d'un cercle passant par le centre de la terre et qui serait parallèle au cercle qui borne la vue. Mais quoique la distance des plans de ces cercles soit égale au rayon de la terre, on peut, sans erreur sensible, les prendre l'un pour l'autre relátivement au soleil et surtout aux étoiles, à cause que ces astres sont très éloignés de la terre.

D. *Par quels noms les distingue-t-on?*

R. Celui qui s'aperçoit sur la terre s'appelle *horizon sensible*, l'autre *horizon rationnel.*

D. *N'y a-t-il pas encore un cercle par rapport auquel le reste de la sphère est mobile?*

R. C'est celui qui s'élève perpendiculairement sur l'horizon pour représenter le méridien du lieu où l'on est, et qui passe par les pôles.

D. *Que faut-il faire pour mettre la sphère dans la position correspondante au mouvement des astres?*

R. On place d'abord son pied de manière que l'horizon soit de *niveau*, et que le méridien soit dans la direction de la méridienne du lieu; il faut de plus connaître l'élévation du pôle céleste qui est au-dessus de l'horizon, pour amener le pôle correspondant de la sphère armillaire à la même hauteur au-dessus de son horizon. Cette hauteur, exprimée en degrés, se compte sur le méridien, depuis le pôle jusqu'à l'horizon. Quand, dans cette position, on fait tourner la sphère, les différens points de sa surface se meuvent comme le font les points correspondans du ciel.

D. *Quels sont les cercles qui se rapportent au mouvement commun des astres?*

R. Ce sont ceux qui sont perpendiculaires sur l'axe et par conséquent parallèles entre eux. Le méridien, dont le plan passe par l'axe et contient leurs centres, les divise en deux parties égales, et les traverse perpendiculairement. Le plus grand de ces cercles est l'*équateur*, qui partage la sphère en deux parties égales, et dont tous les points sont à la même distance des pôles. Les autres deviennent de plus en plus petits, à mesure qu'ils sont plus près des pôles : on les nomme simplement les *parallèles*.

D. *Le soleil décrit-il chaque jour le même cercle ?*

R. Non; il s'avance alternativement vers l'un et l'autre pôle, en passant deux fois sur l'équateur.

D. *Le soleil a donc un autre mouvement que celui qui lui est commun avec toutes les étoiles; car celles-ci décrivent toujours le même cercle ?*

R. Si l'on remarque, pendant plusieurs jours de suite, les étoiles qui se couchent un peu après le soleil, on s'aperçoit que l'intervalle diminue, et que par conséquent le soleil s'approche de ces étoiles par un mouvement particulier, qui a lieu d'occident en orient et obliquement à l'équateur, puisque le soleil s'en éloigne alternativement vers le nord et vers le sud. C'est à cette révolution que l'on donne le nom d'*année* (1).

D. *Quel est le cercle qui représente cette révolution ?*

R. C'est l'*écliptique* marqué au milieu de la bande inclinée à l'équateur et nommée *zodiaque* (2).

D. *Quels sont les instans où le soleil passe par l'équateur ?*

(1) Sa durée est d'environ 365 jours et un quart, fraction qu'on néglige d'abord ; mais son accumulation, en quatre ans, produit un jour qu'on ajoute à la quatrième année, qui a 366 jours, et se nomme en conséquence *bissextile*.

(2) Elle a rapport au mouvement des planètes. (Voy. p. 61.)

R. Ce sont les *équinoxes*, ainsi nommés parce qu'alors le soleil restant douze heures au-dessus de l'horizon, et douze heures au-dessous, quand on applique le mot *jour* au premier intervalle, et le mot *nuit* au second, on dit qu'à cette époque le jour est égal à la nuit.

D. *Combien cela arrive-t-il de fois dans l'année ?*

R. Deux fois, savoir : vers le 20 mars et vers le 22 septembre.

D. *Quelles sont les limites de la marche du sole il vers les pôles ?*

R. Ce sont deux cercles parallèles à l'équateur, qui en sont éloignés d'environ 23 degrés et demi, et qu'on nomme *tropiques*.

D. *A quelles époques le soleil atteint-il ces cercles ?*

R. C'est aux *solstices*, qui ont lieu vers le 21 juin et le 21 décembre. Le premier est pour nous le *solstice d'été*, parce que c'est l'époque où le soleil paraît le plus près de notre pôle. L'autre époque, où il en est le plus éloigné, est le *solstice d'hiver* (1).

D. *Les tropiques n'ont-ils pas chacun une dénomination propre ?*

(1) Il faut bien remarquer que la sphère étant placée comme on l'a indiqué p. 24, un œil qui en occuperait le centre où est le petit globe représentant la terre, verrait les astres, lorsqu'ils atteignent le plus haut point de leur course, se cacher derrière le méridien fixe, le soleil aux équinoxes suivre l'équateur, et aux solstices le tropique correspondant, On pourrait vérifier ces circonstances en plaçant d'une manière convenable une demi-sphère formée de la partie supérieure de l'horizon.

R. Celui qui est dans l'hémisphère nord est le *tropique du cancer*, l'autre celui du *capricorne*.

D. *D'où viennent ces dénominations ?*

R. Elles font partie de celles qui ont été anciennement données aux groupes d'étoiles que le soleil traverse dans sa course annuelle, et que l'on continue d'appliquer aux douze divisions dans lesquelles on partage le zodiaque, quoiqu'elles ne répondent plus aux mêmes groupes d'étoiles, et qu'il faille par conséquent distinguer les divisions du zodiaque nommées *signes*, des groupes d'étoiles appelés *constellations*. Voici les noms et les caractères qui désignent les douze signes du zodiaque :

Le Bélier,   le Taureau,   les Gémeaux,

♈   ♉   ♊

le Cancer,   le Lion,   la Vierge,

♋   ♌   ♍

la Balance,   le Scorpion,   le Sagittaire,

♎   ♏   ♐

le Capricorne,   le Verseau,   les Poissons (1).

♑   ♒   ♓

D. *Pourquoi ces noms sont-ils ainsi disposés trois à trois?*

R. C'est que chaque groupe répond à l'une des quatre saisons de l'année. Les trois premiers sont parcourus par le soleil pendant notre printemps, qui

______

(1) Voici deux vers techniques latins qui comprennent les noms des douze signes :

Sunt aries, taurus, gemini, cancer, leo, virgo,
Libraque, scorpius, arcitenens, caper, amphora, pisces.

4.

commence à l'équinoxe de mars, lorsque le soleil entre dans le signe du bélier, les trois suivans pendant notre été, qui commence au solstice d'été, entrée du soleil dans le signe du cancer, lequel a donné son nom au tropique correspondant; les trois suivans pendant notre automne, qui commence à l'équinoxe de septembre, où le soleil entre dans le signe de la balance; enfin les trois derniers pendant notre hiver, qui commence au solstice d'hiver, où le soleil entre dans le signe du capricorne et décrit le tropique correspondant.

D. *Qu'entend-on par les colures des équinoxes et des solstices ?*

R. Ce sont deux cercles qui passent par les pôles de la sphère, dont l'un passe en outre par les points équi-

noxiaux, et l'autre par les points sols-
ticiaux.

D. *Expliquez la cause de l'inégalité des jours dans les diverses saisons de l'année et dans les divers lieux de la terre?*

R. Il faut d'abord observer que cette inégalité n'a pas lieu pour les points de la terre situés sous l'équateur, parce que dans ces points l'horizon passe par les pôles, et coupe en deux parties égales, non seulement l'équateur, mais aussi tous les parallèles. En décrivant ces cercles, les astres restent donc aussi long-temps au-dessus de l'horizon qu'au-dessous : le jour est constamment égal à la nuit : c'est un équinoxe perpétuel ; et à cause de cela l'équateur est aussi nommé *ligne équinoxiale.*

Mais lorsqu'un des pôles est élevé sur l'horizon, on voit que les parallèles sont coupés par ce cercle, en parties de plus en plus inégales, à mesure qu'ils s'approchent des pôles. Ainsi, pour tous les lieux qui sont situés au nord de l'équateur, le tropique du cancer a sa plus grande partie au-dessus de l'horizon, et par conséquent l'astre qui le décrit est plus long-temps visible que caché. A Paris, la partie supérieure est les deux tiers du tout, en sorte que le soleil, au solstice d'été, reste seize heures au-dessus de l'horizon, et huit heures au-dessous. C'est le contraire pour le solstice d'hiver, parce que la plus grande partie du tropique du capricorne est au-dessous de l'horizon. L'une de ces époques répond au jour le plus long et

l'autre au plus court, parce que les parallèles plus voisins de l'équateur sont
coupés de moins en moins inégalement.

Si l'on considère ensuite comment se
partage le même parallèle, lorsqu'on
élève de plus en plus le pôle sur l'horizon, on voit que la partie supérieure
devient de plus en plus grande, si le
parallèle est du côté du pôle élevé, et
de plus en plus petite s'il est du côté
de l'autre pôle. On peut même le placer
de manière qu'il soit tout-à-fait au-dessus
de l'horizon, ou tout-à-fait au-dessous,
de sorte que l'astre qui décrirait ce parallèle ne se coucherait pas dans le premier cas, et ne paraîtrait pas dans le
second.

D. *Indiquez les régions où le soleil*

ne se couche point dans certains jours
de l'année ?

R. En élevant assez le pôle nord pour
que la partie inférieure du tropique du
cancer ne fasse que raser l'horizon, on
verra passer au point le plus élevé du
méridien, c'est-à-dire au zénith, tous
les points d'un petit cercle parallèle à
l'équateur, et tel qu'au point correspondant de la terre le soleil ne se
couchera pas le jour du solstice d'été ;
seulement il s'abaissera jusqu'à toucher
l'horizon à minuit, et se relèvera ensuite pour achever son tour : la durée
du jour sera donc de 24 heures. Les
mêmes points de la terre seront privés
de la vue du soleil le jour du solstice
d'hiver, parce que le tropique du capricorne est entièrement au-dessous

de l'horizon, dans cette position de la sphère.

D. Quelle est la position de ce petit cercle, et comment le nomme-t-on ?

R. Il est aussi éloigné du pôle que le tropique du cancer l'est de l'équateur ; et son intersection avec le colure du solstice d'hiver, étant à 90 degrés de l'écliptique, est le pôle de ce grand cercle. De là vient que le petit cercle est nommé *cercle polaire*, parce que c'est le parallèle décrit par le pôle de l'écliptique. Il y en a un semblablement placé dans l'hémisphère du pôle sud. On les distingue par la dénomination du pôle qu'ils entourent.

D. N'y a-t-il pas sur la terre des points où le soleil reste des mois entiers sur l'horizon et autant au-dessous ?

R. En élevant encore plus le pôle, on met au-dessus de l'horizon les parallèles plus proches de l'équateur que le tropique : le soleil reste donc sur l'horizon des lieux correspondans tout le temps qu'il emploie à aller de ces parallèles au tropique et à revenir à ces mêmes parallèles, ce qui embrasse non seulement des jours, mais des mois; et enfin quand le pôle est parvenu au zénith, l'horizon se confondant avec l'équateur, tous les parallèles de l'hémisphère élevé sont entièrement au-dessus de l'horizon et les autres au-dessous, d'où l'on voit par conséquent que le soleil reste sur l'horizon du pôle tant qu'il est dans l'hémisphère où est situé ce pôle, c'est-à-dire six mois (1).

(1) Les anciens géographes établissaient sur

D. *N'a-t-on pas donné un nom particulier à ces diverses positions de la sphère ?*

R. Quand les pôles sont dans l'horizon, on dit que la *sphère* est *droite*, parce que l'équateur et ses parallèles étant perpendiculaires à l'horizon, les astres s'élèvent et s'abaissent aussi perpendiculairement à ce cercle.

Si l'un des pôles est élevé sur l'horizon, ce cercle coupe obliquement l'équateur et ses parallèles, et la *sphère est oblique.*

Enfin quand le pôle est placé au zé-

cette durée des plus longs jours de l'année la division de la terre en *climats ;* mais comme on a reconnu que le *climat* dépendait encore de l'élévation du sol et de plusieurs autres circonstances, cette division a dû être abandonnée.

nith, l'horizon se confond avec l'équateur, et la *sphère est parallèle*, parce que les astres s'y meuvent parallèlement à l'horizon (1).

D. *Expliquez maintenant, par rapport au méridien, les circonstances du mouvement diurne des astres ?*

R. En faisant tourner la sphère d'orient en occident (2), on voit arriver successivement au méridien fixe les différens points de l'équateur et de ses

(1) Il faut bien remarquer ici que ces trois positions de la sphère ne sont, dans le vrai, que trois positions de l'horizon, par rapport à l'axe de la terre ; c'est le premier qui change de situation quand on change de lieu, et non pas le second (p. 22).

(2) Je suppose toujours qu'on lui donne la position relative au lieu où l'on est.

parallèles; et il faut remarquer que les points qui sont compris dans un même demi-cercle passant par les pôles, se trouvent au même instant sous le méridien fixe, à quelque parallèle qu'ils appartiennent. Les intersections des colures avec l'équateur, les tropiques et les cercles polaires, en offrent des exemples.

Le mouvement diurne étant égal et s'achevant en 24 heures, il passe en une heure sous le méridien d'un lieu quelconque, la 24ᵉ partie de la circonférence de l'équateur, c'est-à-dire 15 degrés. Si donc l'on conçoit des demi-cercles menés par les pôles et par deux points de l'équateur éloignés de 15 degrés, il s'écoulera une heure entre le passage des points du premier demi-cercle sous le méridien fixe et celui des points du second demi-cercle ; l'intervalle diminue ou augmente en même temps que l'arc qu'ils interceptent sur l'équateur.

D. *Voilà bien ce qui se passe dans le même lieu ; mais qu'arive-t-il dans des lieux différens ?*

R. Je suppose d'abord que ces lieux soient sous le même méridien, c'est-à-dire qu'ils soient situés sous le même demi-cercle passant par les pôles, car c'est là ce qu'on entend par un méridien en général. On en a représenté un certain nombre sur le petit globe intérieur, et il faut concevoir qu'on ait placé au-dessus de chacun un méridien fixe comme celui qui s'ajuste dans l'horizon. On voit alors qu'au moment où un astre arrive à ce méridien, il est au milieu de sa course pour tous les points situés sur ce demi-cercle.

Quand l'astre est le soleil, il est midi dans tous ces points; et comme les heures se règlent sur celle de midi, on compte les mêmes heures au même instant dans tous les points dont il s'agit.

Quand deux lieux sont situés sous des méridiens différens, le méridien qui est le plus oriental est traversé par les astres, avant le méridien le plus occidental. Il y aura une heure de différence entre les deux passages, si l'arc intercepté sur l'équateur par les méridiens, est de 15 degrés; et si cet astre est le soleil, il sera midi une heure plus tôt dans le premier lieu que dans le second. En général la différence sera proportionnelle à la distance des deux méridiens, comptée sur l'équateur.

La même différence qui a lieu entre les deux midis se trouve dans toutes les autres heures. Au point le plus oriental, on compte, dans le cas présent, une heure de plus que dans l'autre. Il n'est encore que 10 heures du matin dans ce dernier, par exemple, lorsqu'il en est 11 dans le premier.

Pour éviter le calcul de la réduction des degrés de l'équateur en temps, on a mis, au bout de l'axe, une aiguille tournant sur un petit cercle divisé en 24 heures.

D. *Que fait-on pour représenter ces phénomènes avec plus de détail?*

R. On considère à part le globe terrestre, ce qui permet de lui donner plus de grosseur, et d'y représenter plus en grand les diverses contrées. Il est placé dans un horizon et dans un méridien, comme la sphère armillaire. Il est aussi traversé par un axe qui en marque les pôles; on y a tracé l'équateur et ses parallèles au moins de 10 en 10 degrés, et de même les méridiens.

D. Comment a-t-on pu placer les différens lieux de la terre sur ce globe?

R. On voit évidemment par l'assemblage des cercles tracés sur ce globe, que la position d'un point de la surface terrestre est donnée, quand on sait sur quel parallèle et sur quel méridien il se trouve, puisqu'il ne peut être que leur intersection; on remarque ensuite que le parallèle est connu, quand on sait de quel côté de l'équateur il est situé, et que l'on connaît sa distance à ce grand cercle.

D. *Comment nomme-t-on cette distance?*

R. On l'apelle *latitude.*

D. *Ne distingue-t-on pas plusieurs latitudes?*

R. Celle qui se compte au nord de l'équateur se nomme latitude **nord** ou *septentrionale* ou *boréale*, et l'autre, latitude *sud* ou *méridionale* ou *australe.*

D. *Quelle est la plus grande latitude?*

R. C'est celle des pôles qui est égale au quart du méridien ou à 90 degrés ; elle est évidemment la hauteur de ces points au-dessus de leur horizon rationnel, qui est l'équateur lui-même.

D. *Quelle est la hauteur du pôle dans les autres points de la terre?*

R. Elle est toujours égale à la latitude, comme on peut le vérifier sur le globe artificiel, ou en observant qu'à mesure qu'on abaisse le pôle vers l'horizon, l'équateur s'approche de la même quantité du zénith, dont la latitude diminue par conséquent du même nombre de degrés que la hauteur du pôle.

D. *Comment distingue-t-on les méridiens ?*

R. Il n'y a pas pour ces demi-cercles un point de départ naturel et adopté généralement, comme l'équateur l'est par rapport aux latitudes. Il faut convenir d'un *premier méridien* auquel on compare tous les autres.

D. *Comment se fait cette comparaison ?*

R. En indiquant leur distance au premier, comptée sur l'équateur et exprimée en degrés, minutes , etc. Cette distance s'appelle leur *longitude*; et en conséquence la position d'un lieu sur la terre, ainsi que sur le globe terrestre artificiel , est déterminée, quand on connaît sa latitude et sa longitude.

D. *N'y a-t-il qu'une manière de compter les longitudes ?*

R. Il y en a deux : lorsqu'on **prend**, comme autrefois, pour premier méridien celui qui passe près de l'Ile-de-**Fer**, on compte les longitudes d'occident **en** orient, en faisant le tour entier jusqu'à 560 degrés ; mais la plupart des nations européennes font partir les longitudes de leur principal observatoire, **et les** comptent séparément en deux demi-circonférences de 180 degrés, l'une à

l'orient, et l'autre à l'occident du premier méridien.

D. *Les tropiques et les cercles polaires ne forment-ils pas sur le globe des
divisions remarquables ?*

- R. Oui : ce sont les *zones.* Il y en a 5,
savoir : la *zone torride,* comprise entre
les deux tropiques, et traversée vers son
milieu par l'équateur, 2 *zones tempérées,* comprises entre le tropique et le
cercle polaire, dans chaque hémisphère,
et 2 *zones glaciales,* qui sont les espaces
renfermés dans les cercles polaires. Le
soleil répond toujours à plomb sur quelque point de la zone torride, tandis que
ses rayons s'inclinent de plus en plus
dans les zones tempérées à mesure qu'on
s'avance vers les cercles polaires, où
ils n'arrivent plus que très obliquement

et seulement pendant une partie de l'année : la première de ces zones est donc la plus chaude, et les dernières sont les plus froides. Il suit aussi de ce que le soleil est alternativement au nord et au midi de l'équateur (page 27) que les régions situées au midi de ce cercle ont l'automne quand nous avons le printemps, l'hiver quand nous avons l'été, le printemps quand nous avons l'automne, et l'été quand nous avons l'hiver.

D. *Indiquez quelques uns des usages que l'on peut faire du globe terrestre?*

R. 1° On trouve la latitude d'un lieu quelconque en l'amenant sous le méridien fixe, et en comptant le nombre des degrés compris entre l'équateur et ce point. Quant à la longitude, elle est marquée à la rencontre de l'équateur et du méridien fixe.

2° Si l'on met sur XII heures l'aiguille du cadran polaire, et qu'on amène ensuite un autre lieu sous le méridien fixe, l'aiguille marquera l'heure que l'on compte dans le premier lieu lorsqu'il est midi dans le second.

3° Pour trouver la plus courte distance d'un lieu à un autre, il suffit de prendre, avec un compas à branches courbes, la distance de ces points, ou, à défaut de compas, de tendre un fil de l'un à l'autre; on portera ensuite cette distance sur l'équateur à partir du point marqué o ou 36o, et le nombre de degrés embrassés par l'ouverture du compas ou par la longueur du fil exprimera la distance cherchée. Prenons pour exemple Paris et Pékin : le fil tendu entre ces deux points embrassera environ 74 degrés sur l'équateur. Il ne s'agira plus que de savoir ce que vaut le degré d'un grand cercle de la terre. Or, par l'observation de ceux du méridien, on a trouvé 20 lieues marines (ou grandes lieues). En multipliant ce nombre par 74, on aura 1480 lieues pour la distance cherchée.

L'angle que le fil tendu fait avec le méridien de Paris, et qui marque la direction de la plus courte distance de cette ville à Pékin, est l'*azimuth* de la dernière par rapport à l'autre. Pour le mesurer, il faut placer le globe dans la situation qui convient à Paris, prolonger le fil tendu jusqu'à ce qu'il rencontre l'horizon, et compter les degrés compris sur ce cercle depuis le point marqué *midi*. On trouvera 133 degrés ou bien 47°, en partant du *nord*, ce qui tient à peu près le milieu entre le nord et l'est.

4° Conservant toujours le globe dans la position convenable à Paris, on déterminera la longueur du jour dans cette ville, à telle époque de l'année qu'on voudra, lorsque l'on connaîtra la distance du soleil à l'équateur (ce qu'on appelle sa *déclinaison*). Si par exemple cette distance est de 10 degrés au nord de l'équateur, on amènera sous le méridien fixe un point quelconque du parallèle correspondant ; on mettra en même temps sur XII heures l'aiguille du cadran polaire, et l'on fera ensuite tourner le globe, d'orient en occident, jusqu'à ce que le point qu'on a pris soit arrivé à l'horizon : l'aiguille marquera alors 6 heures trois quarts environ; ce sera l'heure du coucher du soleil pour ce jour et par conséquent la moitié de sa durée , laquelle sera donc de 13 heures et demie (1).

(1) La déclinaison du soleil se détermine tout de suite quand on connaît le point de l'écliptique où se trouve cet astre. Il suffit d'amener ce point sous le méridien fixe , et de compter le nombre de degrés compris entre ce même point et l'équateur. Cela suppose que l'écliptique est tracé sur le globe , ce qui n'a pas toujours lieu, et ne convient bien que pour le *globe céleste,* sur lequel on représente la position des étoiles. Ce serait, à proprement parler, sur ce globe qu'il faudrait résoudre le problème ci-dessus ; mais comme les parallèles et les méridiens tracés sur le globe terrestre correspondent à ceux que

D. *Le mouvement diurne commun à tous les astres et le mouvement annuel du soleil ont-ils réellement lieu?*

R. Non : ce ne sont que des apparences. Les progrès de l'astronomie ont complètement prouvé que le mouvement diurne des astres est produit par celui que la terre exécute sur son axe d'occident en orient, en 24 heures, et qui nous fait attribuer à tous ces astres un mouvement en sens contraire. C'est ce qui se passe lorsqu'on est dans un bateau dont on ne sent pas le mouvement, parce qu'il se fait sans secousse : si l'on fixe quelque temps les yeux sur les rivages, on voit les objets s'éloigner

l'on imagine dans le ciel, ce globe peut remplacer l'autre dans un grand nombre de problèmes.

6.

dans le sens contraire à la marche du bateau.

Outre ce mouvement, par lequel la terre ne fait que tourner sur elle-même, elle est emportée dans l'espace, et accomplit en un an sa révolution autour du soleil.

D. Ces deux mouvemens peuvent-ils avoir lieu à la fois?

R. On en a tous les jours des exemples sous les yeux. Une toupie tourne sur son axe, et décrit en même temps des courbes sur le sol.

D. Est-ce que la terre seule a des mouvemens de ce genre?

R. Beaucoup d'autres corps célestes (et peut-être tous) en ont d'analogues; les plus remarquables sont ceux de la lune qui, en 27 jours 8 heures environ, tourne sur elle-même et fait une révolution autour de la terre, à une distance beaucoup moindre que celle de la terre au soleil.

D. *Est-ce là ce qu'on appelle le mois lunaire?*

R. Non : ce mois, étant la révolution qui ramène la lune au même point par rapport au soleil, comprend 29 jours et demi, à cause du déplacement apparent du soleil produit par celui de la terre pendant cet intervalle.

D. *Qu'entend-on par les* phases *de la* lune?

R. Ce sont les diverses figures qu'elle montre et qui dépendent de sa position relativement au soleil. Comme elle n'est point lumineuse par elle-même, nous ne pouvons la voir que lorsqu'elle **nous** réfléchit les rayons qu'elle reçoit du soleil; mais il n'éclaire jamais qu'un hémisphère de la lune qui est un globe: il faut donc qu'au moins une **partie de** cet hémisphère soit tournée **vers nous.** Elle se présente alors sous la forme d'un croissant qui augmente de largeur jusqu'à ce que nous voyions l'hémisphère entier qui paraît un cercle. **Bientôt ce** cercle se rétrécit, reprend la forme d'un croissant, et la lune finit par devenir invisible pendant quelques jours, parce qu'étant alors entre la terre et le soleil, elle tourne vers nous son hémisphère obscur.

D. *Mais dans cette situation ne devrait-elle pas nous cacher le soleil?*

R. Cela arrive quelquefois, et il en résulte une *éclipse de soleil;* mais c'est qu'alors la terre, la lune et le soleil étant en ligne droite, ou à peu près, la lune paraît devant le soleil comme une tache noire, qui en couvre une partie et quelquefois le cache tout entier pendant plusieurs minutes. Ordinairement la lune passe au-dessus ou au-dessous du soleil, qui conserve par conséquent tout son éclat.

D. *Qu'est-ce qu'une éclipse de lune?*

R. C'est la perte de lumière qu'elle éprouve à l'époque où elle paraît dans son plein, et qui est due à ce qu'elle traverse l'ombre que la terre jette dans l'espace qui est derrière elle par rapport au soleil. Cette ombre, qui se termine en pointe (comme un pain de sucre), étant dirigée exactement sur le prolongement de la ligne qui joint le centre de la terre à celui du soleil, il faut que la lune soit près de cette ligne pour qu'elle soit éclipsée; mais le plus souvent elle passe tout-à-fait au-dessus ou au-dessous de l'ombre de la terre.

D. *D'où viennent ces changemens de position ?*

R. De ce que l'orbite décrite par la lune est inclinée sur le plan de l'écliptique et le traverse en deux points, en sorte qu'une partie de cette orbite est au-dessus de l'écliptique et l'autre au-dessous; et il ne peut arriver d'éclipse qu'autant que la lune est près de l'un ou de l'autre de leurs points de rencontre:

d'ailleurs elle ne sort jamais de l'étendue du zodiaque. (1)

(1) La terre se mouvant autour du soleil est mise au nombre des planètes, dont les anciens ne connaissaient encore que les cinq qu'on peut apercevoir à la vue simple ; les voici avec la terre, rangées dans l'ordre de leur éloignement du soleil : *Mercure, Vénus, la Terre, Mars, Jupiter* et *Saturne*. Le zodiaque est l'espace dont elles ne sortent pas.

www.ingramcontent.com/pod-product-compliance
Lightning Source LLC
LaVergne TN
LVHW010944210726
843510LV00013B/130